FACULTÉ DE DROIT DE PARIS

THÈSE

POUR LA LICENCE

PAR

Eugène **CAUCAL.**

PARIS

TYPOGRAPHIE DE GAITTET ET Cⁱᵉ

RUE GÎT-LE-COEUR, 7

—

1855

THÈSE

POUR LA LICENCE

L'Acte public sur les matières ci-après sera soutenu
le mercredi 20 Juin 1855, à midi

Par Eugène CAUCAL

né à Castres (Tarn)

Président : M. PELLAT, Doyen

<table>
<tr><td>Suffragants :</td><td>MM. BUGNET,
BONNIER,
COLMET-DAAGE,</td><td>Professeurs</td></tr>
<tr><td></td><td>RATAUD,</td><td>Suppléant</td></tr>
</table>

*Le Candidat répondra en outre aux questions qui lui seront faites
sur les autres matières de l'enseignement*

PARIS

TYPOGRAPHIE DE GAITTET ET Cie

RUE GÎT-LE-CŒUR, 7

1855

A MES PARENTS

_____

A MES AMIS

JUS ROMANUM.

DE CONDICTIONE INDEBITI.

(Dig., lib. XII, tit. 6.)

Jure naturâ æquum est neminem cum alterius damno fieri locuple-tiorem : inde condictio indebiti ex æquo et bono introducta quod alte-rius apud alterum sine causa deprehenditur, revocare consuevit.

Accipientis indebitum obligatio non longe distat ab ejus obligatione qui mutuum accepit; eadem tenetur actione : attamen qui indebitum per errorem accepit solutum, non ex contractu, sed quasi ex contractu de-bere videtur; nam qui solvendi animo pecuniam dat, in hoc dare videtur magis ut distrahat quam contrahat negotium.

Et differt quia ad omnes res corporales et incorporales petendas da-tur hæc actio, et non tantum ad res quæ pondere, numero mensurave constant.

De hac condictione indebiti soluti videbimus :

1° Quando competat; 2° cui et adversus quem; 3° et quid in ea veniat.

1

1° Quando compitat.

Tria concurrere opportet ut huic condictioni locus sit ;

Ut indebitum fuerit quod solutum est;

Ut nulla causa fuerit propter quam, quamvis indebitum solveretur, velut pietatis aut grati animi ;

Ut ab ignorante fuerit solutum.

I. Primo videamus quid sit debitum: Debitum videtur vel etiam id quod ex more naturali obligátione debetur; hinc « ex quibus causis « retentionem quidem habemus, petitionem autem non habemus, ea « si solverimus repetere non possumus. » Pomponius, L. 51, lib. vi, ad. Muc., scripsit.

Nec pauca sunt istorum obligationum exempla, v. g., in operis, quæ ex officio et obsequio debentur, veluti liberti erga patronum, inter pa—trem et filium, dominum et servum, etc., et nunc quid sid inde—bitum ?

In primo, maxime indebitum solutum paret, cum ex causa solvitur quæ omnino non existit, sed putatur extitisse, v. g., « sed si me putem « tibi aut Titio promisisse, quum aut neutrum factum sit, aut Titii per—« sona in stipulatione comprehensa non sit Titio solvero, repetere a « Titio potero. » Pomp. lib. xxii, ad Sabin. scripsit.

Item solvitur indebitum quod ex ea causa solvitur quæ jure non va—luit, ut ex testamento quod postea falsum, vel inofficiosum, vel irritum apparuerit.

Etiam videtur indebitum quod ex ea causa solvitur quæ conditione suspenditur; hoc obtinet et si conditio erat quæ penderet ab arbitrio debitoris qui solvit, nec videtur eam solvendo implere; hoc docet Cel—sus (lib. xlviii, lib. vi, Dlg.). Observandum quod : « Sub conditione « debitum, per errorem solutum pendente quidem conditione repe—« titur; conditione autem existente repeti non potest. » Ut Pomp. ait, lib. xv, ad Sab.

Quod non porrigendum est ad illud quod in diem debetur, « nam in

diem debitor, adeo debitor est ante diem solutum repetere non possit. »
L. 10, Paul, lib. xv ad Sab.

Indebitum est quod ex ea causa solvitur, ex qua jam liberatio contigit, et quod per aliquam exceptionem perpetuam peti non poterat,
nisi tamen detur exceptio in odium ejus cui debetur.

Et adhuc « indebitum est non tantum quum omnino non debetur, sed
« et quod alii debetur, si alii solvatur, aut si id quod alius debebat
« alius quasi ipse debeat solvat. » L. 65, Paul, lib. vii ad Plaut.

Denique indebitum est quod plus quam debetur solvitur, et repeti
potest.

II. Opportet est nulla causa solvendi fuerit.

Quod licet indebitum solutum est, non repetetur, si fuit aliqua
causa solvendi, v. g., causa pietatis, vel judicati, vel transactionis : id
est, quamvis condemnatio sit inefficax et in transactione nulla fuerit
res media.

III. Ut quis ignorans indebitum solverit.

Si quis sciens se non debere solvit, per hanc actionem condicere non
potest ; licet hac mente solverit ut postea repetat.

2° Cui et adversus quem condictio competat.

Ei cujus nomine solutum est, non ei qui solvit alterius nomine hac
actio competit. Julianus ait neque tutorem, neque procuratorem solventis
repetere posse ; neque interesse suam pecuniam an pupilli vel domini
solvant. Benigne autem ei qui solvit alterius nomine utilis actio accommodatur ; hinc Labeo scripsit : si procurator tuus solverit, et tu ratum
non habeas, posse repeti.

Interdum ei qui nec ipse solvit, nec cujus nomine solvitur hæc condictio utilis competit ; nam circa inofficiorum et falsum testamentum
rescripsit Adrianus : actionem dandam ei secundum quem de hereditate
judicatum est.

Adversus quem ? His solis pecunia condicitur quibus quoquo modo
soluta est, non quibus proficit. Alicui autem solvisse intelliger, non

solum quum ipsi, sed et quum alteri ejus jussu solvo aut expromitto. Sed tamen si procuratori indebitum solutum sit, et dominus non ratum habeat, posse repeti.

3° Quid in condictionem veniat.

Quod indebitum per errorem solvitur, aut ipsum aut tantumdem repetitur, aut demum æstimatio.

Interdum etiam licet aliud præstemus, aliud condicimus; ut puta : « Fundum indebitum dedi et fructus condico, vel hominem indebitum « et hunc sine fraude modico distraxisti, nempe hoc solum refundere « debet quod ex pretio habet. » Ulp., L. 26, sed si operas, lib. xxvi, ad edictum.

« Ei qui indebitum solutum repetit, et fructus et partus restitui « debent, deducta impensa. » (Paul., L. 65, lib. xvii.) Hac condictione eatenus tenetur qui bona fide indebitum accepit quatenus locupletior factus est; quare si tibi in solutum habitationem indebitam dedi, pecuniam condicam non quidem quanti locare potui, sed quanti tu conducturus fuisses. Ille enim qui restituit non debet facto alieno damnum experiri.

DE JURIS ET FACTI IGNORANTI.

(Dig. lib. XXII, tit. 6.)

Multis in contractibus et negotiis (et exempli gratia, in condictione indebiti, si qua supra actum est), sæpe interest an quis quædam sciverit, an ignoraverit; et an in jure, an in facto erraverit. Ignorantia vel facti, vel juris est. Ignorantia juris est : ignorare quæ legibus et moribus constituta sunt. Ignorantia facti : ignorare quidpiam contigisse aut quo modo contigerit.

In eo differunt ignorantia juris et ignorantia facti, quod : quum quis gestat de acquirendo, siquidem per ignorantiam juris hoc contigit, sua ei nocere debeat ignorantia. Si autem per ignorantiam facti, nocere ei non debeat; hinc traditur a doctoribus hæc regula : in lucris nocet error juris non facti.

In eo autem conveniunt quod quidquid aliquis sive per ignorantiam juris, sive per ignorantiam facti gesserit, non ei obsit quominus rem suam reposcere aut retinere possit. Hinc altera regula : error quilibet non nocet in damnis.

Hujus discriminis rationem ita tangit Neratius : « In omni parte er- « ror in jure non eodem loco quo facti ignorantia haberi debebit : quum « jus finitum sit, possit esse et debeat : facti interpretatio plerumque « etiam prudentissimos fallat. » (L. 2, lib. v, Membr.) Enimvero quum jus finitum sit, debet unusquisque aut illud scire, aut de eo consulere peritos; adeoque ejus ignorantia culpabilis est, et merito nocet : hinc Valentinianus, Theod. et Arcadius : « Constitutiones prin- « cipum nec ignorare quemquam, nec dissimulare permittimus. »

Attamen nonnunquam ignorantia juris, quum de acquirendo agitur, non debet nocere; excusabilis enim apud minores viginti quinque an- nis, quia perfectæ ætatis non sunt; apud fœminas in quibusdam causis, propter sexus infirmitates; milites et rusticos, propter nimiam juris imperitiam. Hinc Paulus : « Si filius familias miles a commilitone hæres « institutus nesciat sibi etiam sine patre licere adire; per constitu- « tiones principales jus ignorare potest, et ideo ei dies aditionis non « cedit. » Impuberes sine tutore agentes nihil posse scire intelli- guntur.

Quod autem diximus : ignorantiam facti nec quum de acquirendo agitur obesse, limitationem etiam patitur, nec enim supina ignorantia ferenda est, ut nec scrupulosa inquisitio exigenda. Vulgo autem supina videbitur ignorantia si quis proprium factum ignoret; inculpabilis autem plerumque est alieni facti ignorantia.

Nunc observandum, rei judicatæ non prodesse ignorantiam, exceptis videlicet militibus; et addendum alterius scientiam non nocere neque prodesse ignorantiam alteri cuiquam qui suo nomine negotium gerit aut cujus nomini geritur, sed suam duntaxat.

QUEMADMODUM ACTIONES PER INFICIATIONEM DUPLICANTUR.

Pauli sententiæ, lib. I, tit. 19.

Ex quibusdam causis repeti non potest quod per errorem non debitum solutum est. Sic namque definierunt veteres ex quibus causis inficiando lis crescit solutum repeti non posse. Hoc autem inficiatoris vocabulo reum intelligimus falso infectum dicentem, seu negantem, abjurantemque quo actori obligatus est.

Istius modi mendacio variæ pœnarum figuræ fuerunt adsignatæ. Quippe, ut aiunt juris romani prudentes, inficiator proximus est furi. Duodecim tabularum tempore, actiones per inficiationem in duplum ire videmus.

Pauli et Gaii tempore : quædam actiones, si a reo inficientur, duplantur, velut :

Actio judicati, quæ actori a prætore dabatur persequendæ gratiâ pecuniæ in reum a judice condemnatum;

Actio depensi, quæ sponsori ex lege publilia succurrit;

Actio legati per damnationem relicti, quùm negat hæres;

Actio legis aquiliæ, quæ ad factum injuria damnum pertinet. Item de modo agri; cum a venditore emptor deceptus est; quæ tamen actio in duplum datur non propriam ob inficiationem, sed potius ob aliam mendacii formam; potius enim venditor affirmavit quæ non erant, quam extantia negavit. Itaque Paulus non utitur inficiari vocabulo, quum ipse : « distracto fundo, si quis de modo mentitur, in duplo ejus quod mentitus est, officio judicis æstimatione facta conveniatur. (Sext. lib. II, tit. XVII, § 4.)

Inter judicia quæ propter inficiationem duplantur adnumerari solet actio depositi, id est, depositi miserabilis; etenim actio depositi ex duodecim tabulis semper geminata edicto prætoris abiit in simplum et tantummodo circa depositum miserabile duplex remansit, si modo cum ipso apud quem depositum sit, aut cum hærede ejus ex dolo ipsius, agatur.

Tempore Justiniani, secundum Instituta, Pandectas et Codicem : primum de inficiatione judicati nusquam agitur; dein sponsio in fide-jussionem transfusa est. Demum Justiniani constitutio, cum unam naturam omnibus legatis indulserit, per inficiationem augmentum in omnibus legatis extendi voluit, sed non omnibus legatis præbuit, sed iis tantum quæ sacrosanctis ecclesiis et ceteris venerabilibus locis derelicta sunt.

Secundum Novellas edictaque : duabus aliis actionibus imperator Justinianus novissime dupli pœnam adjecit. Scilicet : I. Actioni quæ receptitia olim dicebatur, quamque Justinianus in judicium constitutæ pecuniæ transfudit, si forte argentarius obligationem habitum sine scriptura inficietur. II. Actioni de chirographis, si reus neget se scripsisse, vel si exceptionem non numeratæ pecuniæ opponat, ac probetur scripsisse vel accepisse. Vice versa, si actor apocham, id est professionem solutæ pecuniæ falso neget a se conscriptam, « non solum illud reputatur de quo negatio fuit, sed etiam tantum aliud adjicitur. »

Actiones de quibus agitur sunt mixta, id est tam pœnæ quam rei persequendæ gratia comparatæ : pœnas temere litigantium attingunt, etenim damnatio per inficiationem duplicata inter pœnas temere litigantium, in institutis adnumerantur; dein, ut Paulus ait, ex his causa quæ inficiatione duplantur, pacto decidi non potest. Cujus sententiæ rationem ita Cujacius exponit : aut fatetur reus aut inficiatur; si fatetur, pro judicato habetur et ideo transigere non potest. Si inficiatur ac postea decidere velit, pro inficiatore convicto habetur, et inficiationis pœnam sustinet.

POSITIONES.

I.

Quamvis debitum si quis recipiat, tamen si is qui dat non debitum dat, repetitio competit.

II.

Si is qui alternative duas res promiserat, utramque solverit, unam condicit, et eam quidem quam vult; electionem enim habet.

III.

Qui hominem generaliter promisit si stichum se promisisse existimans, eum solverit, condicet.

IV.

Quæ ex officio et obsequio debentur, licet per errorem soluta, repeti non possunt.

V.

Quid si prædoni solutum sit? distinctio.

DROIT FRANÇAIS.

DES ENGAGEMENTS QUI SE FORMENT SANS CONVENTION.

Code Napoléon, liv. III, tit. 4, chap. 1. (Décrété le 19 pluviose an XII, promulgué le 29.)

L'obligation, dans le sens le plus étendu, le plus philosophique du mot, n'est autre chose qu'un lien moral qui nous astreint à donner, à faire ou à ne pas faire quelque chose. Mais, dans une société, pour assurer l'accomplissement de ce que nous impose l'obligation dont nous sommes tenus, l'obligation, telle que nous l'avons définie, manque d'un caractère essentiel ; il faut qu'une autorité, une puissance, la loi vienne en garantir l'exécution. Cette garantie consiste à donner une action, et à permettre ou à ordonner, s'il le faut, l'emploi de la force publique. Ainsi donc il y a deux sortes d'obligations, l'obligation naturelle et l'obligation que nous appellerons civile. La première n'a qu'une sanction purement morale; à la seconde est attachée une sanction civile, aussi, la définissons-nous : un lien de droit qui nous astreint à donner, à faire ou à ne pas faire quelque chose.

Les obligations ne peuvent avoir que deux causes génératrices, la volonté de l'homme et la loi. Les obligations naturelles ou conventionnelles naissent immédiatement de la volonté de l'homme ; la loi n'in-

2

tervient que pour en garantir l'exécution. Mais quelles sont celles qui naissent de l'autorité seule de la loi ?

« Certains engagements, nous dit le Code, art. 1370, se forment
« sans qu'il intervienne aucune convention, ni de la part de celui qui
« s'oblige, ni de la part de celui envers lequel il est obligé. Les uns
« résultent de l'autorité seule de la loi, les autres naissent *à l'occasion* [1]
« d'un fait personnel à celui qui se trouve obligé. Les premiers sont
« les engagements formés involontairement, tels que ceux entre proprié-
« taires voisins ou ceux des tuteurs et autres administrateurs qui ne
« peuvent refuser la fonction qui leur est déférée : les engagements
« qui naissent *à l'occasion* d'un fait personnel à celui qui se trouve
« obligé résultent ou des quasi contrats ou des délits ou des quasi-
« délits. »

Ainsi donc, deux espèces d'obligations proviennent de la loi : 1° Celles qui résultent de l'autorité seule de la loi, sans aucun fait de la part de celui qui se trouve obligé : 2° celles qui naissent soit à l'occasion d'un fait personnel à celui qui est obligé ou même à celui envers qui l'autre est obligé ; par exemple, l'obligation de rembourser les engagements, que le gérant sans mandat a contractés en son nom pour l'utilité du propriétaire dont l'affaire est gérée, naît à l'occasion d'un fait personnel au gérant envers lequel il est obligé.

Certains jurisconsultes ajoutent avec raison à la disposition du Code : « ou à l'occasion d'un cas fortuit » ces engagements, en effet, ne résultent ni de l'autorité seule de la loi, ni à l'occasion d'un fait personnel à celui qui se trouve obligé.

Les jurisconsultes romains n'avaient point admis cette division : partant, d'un côté, de l'idée que ces obligations ne naissent pas en vertu d'un contrat, puisqu'il n'y a eu aucune convention entre eux, et, d'un autre côté, considérant qu'elles ne viennent pas non plus d'un

---

1. Ce n'est point du fait que naît l'obligation, fût-ce même un délit, puisque celui qui l'a commis n'a point eu l'intention de s'obliger. Ainsi, le voleur a bien voulu s'approprier l'objet volé sans aucune intention de le restituer ; mais c'est la loi, qui malgré sa volonté, lui impose cette obligation. C'est donc à l'occasion d'un fait, du vol, dans le cas qui nous occupe, que la loi fait naître cette obligation.

délit, elles semblent naître d'un quasi-contrat ou d'un quasi-délit. Aussi Justinien résumant leurs idées dans ses *Instituites*, divise les obligations en quatre espèces : 1° Celles qui naissent des contrats ; 2° des quasi-contrats ; 3° des délits ; 4° des quasi-délits.

Dominés par l'idée que les obligations ne peuvent naître que d'un contrat ou d'un délit, les jurisconsultes romains recherchaient les circonstances dans lesquelles s'était produit le fait qui donnait naissance à l'obligation. Ces circonstances présentaient-elles un caractère blamable, coupable, ils disaient alors que cette obligation se trouvait formée comme si elle venait d'un délit ; dans le cas contraire, elle était considérée comme provenant d'un contrat, *quasi ex contractu.* L'obligation ne naissait pas alors, comme chez nous, par un quasi-contrat ou un quasi-délit, mais bien comme par un contrat, comme par un délit. Les romains n'employèrent pas ces expressions : quasi-contrat, quasi-délit, expressions impropres et obscures qui, loin de faire supposer un engagement né sans consentement, feraient supposer une espèce de convention entre les parties.

Ce que nous venons de dire suffit pour mettre à découvert l'erreur dans laquelle étaient tombés les jurisconsultes romains : le tort qu'ils eurent fut de ne pas faire remonter certaines obligations à l'autorité de la loi ; les conséquences de cette erreur les forcèrent de placer les obligations respectives des tuteurs et des pupilles au rang de celles qui dérivent des quasi-contrats, tandis que le Code civil les fait dériver de la loi ; et, en cela, il a parfaitement raison ; car, dès que le tuteur est, malgré lui, obligé de se charger de la tutelle, son obligation résulte évidemment de la loi.

Les faits desquels la loi fait résulter des engagements sans convention sont de deux sortes, licites ou illicites. S'ils sont licites, ce sont des quasi-contrats ; s'ils sont illicites, ce sont des quasi-délits.

Qu'il nous soit permis de placer ici une observation qui ne nous paraît pas tout à fait inutile. Pourquoi le Code substitue-t-il le mot engagement au mot obligation, dont il s'était précédemment servi? Y aurait-il une différence juridique entre ces deux termes?.... Nous ne le

pensons pas. Tout le monde considère ces deux termes comme syno-
nymes. En jurisprudence, ils ont la même signification : néanmoins, les
rédacteurs du Code paraissent avoir spécialement appliqué le terme
d'engagement aux obligations que la loi impose à l'homme sans qu'il
intervienne aucune convention.

Des quasi-contrats.

Le Code définit les quasi-contrats, dans l'art. 1371. Il dit : « Les
« quasi-contrats sont les faits purement volontaires de l'homme dont
« il résulte un engagement quelconque envers un tiers, et quelquefois
« des engagements réciproques des deux parties. »
Cette définition n'est pas rigoureusement exacte, vu qu'elle ne détermine pas quels sont les faits volontaires de l'homme qui donnent
naissance à un engagement; cependant elle est bien préférable à celle
qu'il en avait donnée dans l'art. 1370, où il est dit : que les obligations
qui ne dérivent pas de la seule autorité de la loi, naisssent « d'un fait
« personnel à celui qui se trouve obligé ». Il est évident qu'en prenant
ce texte au pied de la lettre, il résulte; 1° que le quasi-contrat est uni-
latéral; 2° qu'il n'engendre qu'une obligation dont est tenu l'auteur du
fait qui constitue le quasi-contrat; ce qui est doublement erronné.
Tenons-nous en donc à la définition qu'en donne l'art. 1371; car, en
effet, la gestion d'affaires que le Code range parmi les quasi-contrats,
oblige non-seulement le gérant (l'auteur du fait), mais encore le maître,
c'est-à-dire la personne dont les affaires ont été gérées.
Nous avons observé que la définition que donne le Code des quasi-
contrats (1371) ne détermine pas quels sont les faits qui donnent naissance aux quasi-contrats; mais ne pourrions-nous pas lui reprocher en
outre de ne pas séparer, d'une manière assez évidente, assez tranchée,
les quasi-contrats des quasi-délits. Aussi, adoptant l'opinion d'un sa-
vant jurisconsulte, nous définirons les quasi-contrats : « Tout fait li-
« cite de l'homme qui enrichit une personne au détriment d'une autre est
« un quasi-contrat qui oblige celle que ce fait enrichit, sans qu'il y ait

« eu intention de la gratifier, à rendre la chose ou la somme dont elle
« se trouve enrichie [1] » L'art. 1371, ainsi modifié, deviendrait le
parallèle de l'art. 1382, qui, dans le Code, définit ainsi les délits : « Tout fait quelconque de l'homme, qui cause à autrui un
« dommage, oblige celui par la faute duquel il est arrivé à le
« réparer. »

Le Code ne contient des dispositions que relativement à deux faits
obligatoires, la gestion d'affaires et la répétition de ce qu'on a indûment payé. Cependant ces deux faits ne sont pas les seuls qui donnent
naissance aux quasi-contrats. On pourrait y ajouter : l'acceptation d'une
tutelle par un tuteur qui aurait pu la refuser, l'administration par un
des copropriétaires indivis entre plusieurs personnes. Il est encore
généralement admis que l'acceptation d'une succession présente encore
un cas de quasi-contrat.

GESTION D'AFFAIRES.

Code Napoléon, art. 1372-1375.

Quand un individu fait l'affaire d'un autre, sans aucun ordre de sa
part, il n'intervient point entre eux de contrat de mandat; car, pour
cela, il faudrait le consentement des deux parties. Toutefois, à défaut
de contrat, cette gestion forme un quasi-contrat entre les parties, et
produit entre elles des obligations semblables à celles qui naissent d'un
mandat exprès.

Le quasi-contrat de gestion d'affaires produit des obligations réci-

---

1. Néanmoins il ne faut pas croire que la modification que nous avons apportée à
l'art. 1371 soit absolument vraie. Ainsi en matière de gestion d'affaires, si, au moment où l'affaire a été gérée, elle était indispensable ou utile, le propriétaire est irrévocablement obligé de payer ce qui est dû au gérant, quand même l'utilité aurait
cessé depuis ou se serait évanouie par cas fortuit ou force majeure.

proques qui résultent de ce double principe d'équité; 1° que celui qui s'ingère dans les affaires d'un autre, même et surtout sans son consentement, doit rendre compte de ce qu'il a fait; 2° et que celui dont il a fait les affaires ne peut s'enrichir aux dépens du gérant;

Le gérant d'affaires agit et fonctionne comme le ferait un mandataire. Aussi, si la gestion a été utile, ou bien si le propriétaire ratifie ce qui a été fait, l'utilité de la gestion ou la ratification du maître produisent des effets semblables à ceux du mandat. Les rapports entre le gérant et le maître sont alors réglés comme le sont ceux qui existent entre un mandant et un mandataire.

Des obligations du gérant.

L'art. 1372 qui contient le germe de toutes les obligations du gérant dit que « celui qui gère *volontairement* se soumet à toutes les obli-« gations qui résulteraient d'un mandat exprès que lui aurait donné le « propriétaire. »

Les obligations du gérant varient donc comme celles du mandataire. Celui-ci peut avoir reçu un mandat général ou un mandat spécial. Le gérant peut, de même, s'être chargé de plusieurs affaires ou d'une seule. Ses obligations seront donc différentes, suivant la variété de ces cas.

Cependant, il est pour tous les gérants des obligations communes, qui résultent des dispositions précises de la loi; et ces obligations sont les mêmes, soit que le propriétaire connaisse la gestion, soit qu'il l'ignore. Il doit donc :

1° Continuer la gestion qu'il a commencée, et l'achever jusqu'à ce que le propriétaire soit en état d'y pourvoir lui-même. Le gérant doit continuer sa gestion encore que le maître vienne à mourir avant que l'affaire soit consommée, jusqu'à ce que l'héritier en ait pu prendre la direction (1373). Ici, la loi se montre bien plus sévère envers le gérant qu'envers le mandataire; car, celui-ci n'est tenu de continuer sa gestion jusqu'à l'arrivée des héritiers, après la mort du maître, qu'autant qu'il y a péril en la demeure (1991). Cette sévérité de la loi s'explique par ce motif : le gérant est moins favorable que le mandataire; car, nul ne lui avait donné mission de gérer cette affaire, c'est de sa propre autorité qu'il s'est ingéré dans les affaires d'une personne qui n'eût pas voulu lui confier un pareil pouvoir, parcequ'elle le jugeait inhabile ou incapable.

2° Le gérant doit se charger de toutes les dépendances de l'affaire gérée (1372). Mais, il n'y a pas obligation pour le gérant, comme pour le mandataire général, d'étendre sa gestion à une affaire autre que celle dont il a bien voulu se charger.

3° Il doit apporter à la gestion de l'affaire tous les soins d'un bon père de famille. « Néanmoins, les circonstances qui l'ont conduit à se charger « de l'affaire peuvent autoriser le juge à modérer les dommages-inté- « rêts qui résulteraient des fautes ou de la négligence du gérant (1374).» Ainsi, il n'y aurait pas lieu à prononcer aucune condamnation à des dommages-intérêts contre le gérant qui, par pure bienveillance, se serait chargé d'une affaire pénible et urgente : il ne serait tenu alors que de gérer avec bonne foi.

4° Le gérant, comme le mandataire (1994), doit rendre compte de sa gestion; l'action en reddition de compte doit être dirigée contre le gérant; elle peut l'être également contre celui qu'il aurait chargé de gérer, tiers contre lequel le propriétaire peut directement diriger son action; l'action en reddition de compte passe à l'héritier du propriétaire; le compte doit comprendre tout ce que le gérant a reçu à l'occasion de la gestion; le gérant ne doit les intérêts du reliquat de compte que du jour qu'il est mis en demeure; quant aux sommes employées à son usage, il en doit l'intérêt à partir de cet emploi.

Des obligations du propriétaire.

Pour que le propriétaire soit obligé envers le gérant, il faut qu'il y ait une affaire bien administrée, avantageusement gérée, et qu'il s'agisse d'une entreprise utile; et, c'est en ceci surtout que la position du gérant diffère de celle du mandataire; car, celui-ci aurait action, même pour une affaire mauvaise. Le propriétaire dont l'affaire a été utilement gérée est soumis aux mêmes obligations que le maître; il doit donc : 1° remplir les engagements que le gérant a contractés en son nom; 2° l'indemniser de tous les engagements personnels qu'il a pris. Le gérant a pu, en effet, contracter des engagements, soit au nom du propriétaire, soit en son nom personnel. Dans le premier cas, c'est le propriétaire et non le gérant qui est obligé; le créancier n'a aucune action contre le gérant, le maître seul est son débiteur. Dans le second cas, c'est le gérant et non le propriétaire qui est obligé. Aussi, celui-ci doit-il indemniser le gérant de ses derniers engagements, tandis qu'il doit remplir lui-même et directement les premiers; 3° il doit lui rembourser toutes les dépenses utiles ou nécessaires qu'il a faites. Il suffit que les dépenses aient été avantageuses au moment où elles ont été faites; et le gérant a droit à en être remboursé, quand même l'utilité de ces dépenses aurait cessé depuis, par des circonstances fortuites ou de force majeure : par exemple, si la maison à laquelle le gérant aurait fait des réparations nécessaires était venue à périr par le feu du ciel. En effet, le propriétaire aurait fait les mêmes réparations, s'il eût été sur les lieux; il s'est donc enrichi en tant que *pecuniæ suæ pepercit*, il a épargné sa propre bourse par les réparations que le gérant a fait faire à une époque où elles étaient avantageuses.

Conditions de la gestion d'affaires.

Pour qu'il y ait gestion d'affaires, il faut : 1° avoir fait l'affaire d'autrui. De ce qu'il faut avoir fait l'affaire d'autrui, il suit que, si j'ai payé une dette, que je croyais être la vôtre, et qui ne l'était pas, mais qui était la mienne ou celle d'un autre, ou qui n'existait pas du tout, il n'y a entre nous aucune obligation née de la gestion des affaires d'autrui.

2° L'avoir faite sans mandat du propriétaire. La gestion d'affaires existe, que le propriétaire connaisse ou ignore la gestion (1372). A

Rome, si le propriétaire la connaissait, il en résultait un mandat tacite, un véritable contrat; mais les rédacteurs du Code se sont éloignés en cela de la loi romaine et de l'opinion de Pothier.

3° Il faut qu'une affaire ait été faite utilement. Celui qui, s'immisçant dans les affaires d'autrui, le fait imprudemment, sans utilité évidente pour le maître, ne pourra invoquer l'action de gestion d'affaires; mais, à défaut de celle-ci, une autre action lui est ouverte, l'action *de in rem verso*, fondée sur ce principe d'équité que personne ne doit s'enrichir aux dépens d'autrui. L'action *de in rem verso* est moins favorable que l'action de gestion d'affaires. Elle n'est donnée que dans la limite du profit que le défendeur a retiré des dépenses réclamées; il n'est tenu que *quatenus locupletior factus est;* et les juges, pour apprécier ce profit, devront se placer, non pas au moment où les dépenses ont été faites, mais au moment du remboursement. Si donc l'utilité, produite *ab initio*, a été détruite par suite d'un cas fortuit, aucune indemnité n'est due au demandeur.

4° Il ne faut pas que le gérant ait agi *animo donandi*. Cette intention, du reste, ne se présume pas. Qu'arriverait-il, si celui, dont l'affaire a été gérée, s'était formellement opposé à la gestion, l'avait défendue? Cette question avait fort divisé les jurisconsultes romains : les uns pensent que le gérant peut toujours réclamer ses frais de gestion et ses avances, sinon par l'action *negotiorum gestorum*, au moins par une action utile, prenant sa source dans l'équité qui ne permet à personne de s'enrichir aux dépens d'autrui; les autres refusaient au gérant toute espèce d'action. Justinien, dans l'une des cinquante décisions qu'il rendit pour dissiper les doutes qu'avaient fait naître avant lui divers points de jurisprudence, consacra l'opinion de ces derniers, parmi lesquels brillaient les plus illustres jurisconsultes. Pothier se range à l'avis des autres jurisconsultes, et refuse toute action au gérant. Pour nous, adoptant l'avis de Justinien, nous disons : le gérant a-t-il fait l'affaire *animo donandi*? il n'a rien à réclamer; s'il n'a pas agi *animo donandi*, il a eu tort de résister au maître, il n'a et ne peut avoir alors qu'une simple action *de in rem verso*. Cependant, s'il a eu des

motifs sérieux, honnêtes et légitimes d'agir ainsi qu'il l'a fait, si la
résistance du maître a été ridicule, le résultat d'un entêtement aveugle
et irréfléchi, on devra lui accorder l'action proprement dite de gestion
d'affaires.

Faut-il, pour qu'il y ait quasi-contrat de gestion d'affaires, que la
gestion ait été entreprise en considération de la personne que l'affaire
intéresse? Nous distinguerons deux cas :

1° Le gérant a fait l'affaire de telle personne, croyant faire celle d'un
autre ; bien qu'il n'ait pas eu en vue l'intérêt de cette personne, il est
vrai, néanmoins, que la gestion qu'il a accomplie est de sa part un bon
office, un acte de dévouement : la loi lui doit donc faveur et protection ;
nous lui accordons une action d'affaires proprement dite.

2° Supposons, maintenant, qu'il ait fait l'affaire d'autrui, croyant
faire la sienne propre, l'acte qu'il a fait est une pure spéculation,
entreprise dans son intérêt personnel ; ce n'est pas une gestion d'affaires
proprement dite, car la gestion est un bon office : il ne mérite donc
aucune faveur particulière ; tout ce qu'on lui doit, c'est que la personne
qui profite de ses dépenses ne s'enrichisse pas à ses dépens ; nous ne
lui accordons, par conséquent, qu'une simple action *de in rem verso* :
l'art. 555 du Code civil confirme cette solution.

Celui-là n'a droit, ni à l'action de gestion d'affaires, ni à l'action
de in rem verso, qui, en faisant une affaire qui lui est propre, qui
n'intéresse que lui, procure indirectement un avantage à autrui.

Mais, si l'affaire qu'il a faite lui était commune avec une personne
qui en a profité, la solution n'est plus la même. Ainsi, la caution qui,
en payant le créancier, a libéré les cofidéjusseurs, en même temps
qu'elle s'est libérée elle-même, a contre eux une action de gestion
d'affaires, à l'effet de leur faire supporter une portion de la dépense
qu'elle a faite dans l'intérêt de tous.

RÉPÉTITION DE L'INDU.

Tout payement suppose une dette; ce qui a été payé sans être dû est sujet à répétition, (1235), l'équité le veut ainsi; car, l'on ne doit pas s'enrichir aux dépens d'autrui. Celui qui reçoit sciemment ou par erreur, ce qui ne lui est pas dû s'oblige à le restituer à celui de qui il l'a indû-ment reçu (1376). C'est en vain que l'on objecterait que la propriété lui a été transférée volontairement et par le fait du propriétaire; il n'y a pas de tradition valable, si elle n'est pas précédée d'une juste cause.

Pour que l'action en répétiton soit admissible, il faut: 1° que ce qui a été payé ne soit pas dû; 2° que le payement n'ait eu aucune cause réelle; 3° enfin, que le payement ait été fait par erreur. Si la chose était réellement due, le débiteur ne serait pas fondé à la répéter, quand même il ne l'aurait payée que par erreur; car le créancier a, dans ce cas, une juste cause pour la retenir, puisqu'il n'a reçu que ce qui lui appar-tenait : *repetitio nulla est ab eo qui suum recepit* (loi 44 ff., *de condic-tione indebiti*). Cette cause ayant précédé le payement, il est devenu propriétaire incommutable de la chose donnée; il a en sa faveur titre et possession. Non-seulement, ce que nous venons de dire est vrai pour le cas où la dette est exigible, mais encore lorsque la dette est à terme. Et d'abord, si la dette est exigible, le créancier pouvait contraindre le débiteur à payer; qu'importe, alors, qu'il ait payé par erreur, sciemment ou volontairement? Supposons maintenant que la dette ne fût pas exi-gible, mais à terme: le débiteur, dans ce cas, peut avoir intérêt à ne pas payer avant l'échéance, mais, il n'en est pas moins vrai, que la dette existe, que l'engagement est parfait et irrévocable. Car, « le terme dif-« fère de la condition; en ce qu'il ne suspend point l'engagement; il « suspend seulement l'exécution (1185). » Donc, la chose est due mal-gré le terme; si la chose due est un corps certain, la propriété en appar-tient irrévocablement au créancier avant le terme; s'il la reçoit en payement avant l'échéance, qu'a-t-il reçu? la possession qui, réunie à la propriété, est le titre le plus fort que l'on puisse avoir,

Sur quel motif baserait-il sa demande en répétition dans le cas que nous venons d'étudier; alléguerait-il que le payement d'avance de la chose due à terme lui cause un préjudice? Mais qui a commis la faute? C'est lui. Prétendrait-il qu'il n'a payé que par erreur? Mais, cette erreur est une faute qui lui est personnelle, et qui ne peut nuire qu'à lui seul, et non pas au créancier qui n'a reçu que ce qui lui appartenait, ce qu'il ne peut pas même refuser, puisqu'on peut payer avant le terme. Au demeurant, cette opinion est parfaitement conforme à celle du Code, qui dit : « Ce qui n'est dû qu'à terme, ne peut être exigé avant l'échéance du « terme; mais, ce qui a été payé d'avance ne peut être répété (1186) ».

Après ce que nous venons de dire, il est bon d'observer que pour obtenir la répétition de ce qu'on a payé, il ne suffit pas de l'avoir payé, par erreur, lorsque la chose était due; l'art. 1377 n'accorde cette répétition que sous deux conditions; la première que la chose ne fût pas due, la seconde, qu'elle ait été payée par erreur.

Mais, si la chose n'était pas due et que néanmoins celui qui savait n'être pas débiteur l'ait payée *sciemment* et volontairement? Eh bien! dans ce cas celui qui a payé a perdu le droit de la répéter, parce qu'il n'est pas prouvé que le payement ait été fait sans cause. Celui qui l'a fait peut avoir eu l'intention de gratifier celui qui l'a reçu. Cette solution que nous prenons dans la loi romaine: (*si quis indébitum ignorans solvit, per hanc actionem condicere potest; sed si sciens se non débere solvit, cessat repetitio,* Loi I. ff. *de condictione indebiti* 12, 6.) a été complétement adoptée par le Code. En effet, comparons la rédaction de l'art. 1377, qui dit que : « Lorsqu'une personne qui, par er- « reur, se croyait débitrice a acquitté une dette, elle a le droit de « de répétition contre le créancier, » avec l'art. 1376, dans lequel on lit : « Celui qui reçoit, *par erreur ou sciemment,* ce qui ne lui était pas « dû, s'oblige à le restituer. L'art 1377 », qui énonce les conditions requises pour avoir le droit de répétition, affecte de retrancher le mot sciemment, et dit : « Lorsqu'une personne qui, par erreur, etc., a droit « de répétition contre le créancier ». Donc, elle n'a pas ce droit, si elle n'a pas payé *par erreur,* mais *sciemment.*

La répétition, nous dit l'art. 1235, n'est pas admise à l'égard des obligations naturelles qui ont été volontairement acquittées. Quelle est donc cette obligation naturelle dont l'exécution volontaire est considérée par le Code comme un payement ? l'obligation naturelle, est celle que le législateur, après lui avoir refusé l'efficacité ordinaire, parce qu'elle se trouve sous le coup d'une présomption générale d'inexistence ou d'invalidité, arrive à sanctionner ensuite, parcequ'une exécution libre, une novation volontaire, ou quelqu'autre acte d'où résulte l'aveu de la valeur réelle de la dette, vient prouver au législateur que sa présomption était en défaut dans ce cas particulier : sont des obligations naturelles, l'obligation des mineurs, des interdits, la dette d'un débiteur véritable qu'un jugement a libéré ou qui a invoqué la prescription. Dans tous les cas pareils, la loi refuse la preuve comme très-difficile à faire ou trop dangereuse ; ces obligations sont donc sans action. Mais, si le débiteur remplit son engagement librement, volontairement, la loi voit dans cet acte du débiteur qui reconnait son erreur ou se repent de sa mauvaise foi, la preuve que sa présomption était mal fondée, et elle s'oppose dès lors à toute répétition ultérieure. Cette exécution de l'obligation rend inutile toute autre preuve ; la dette ne diffère plus d'une dette ordinaire, le payement est valablement fait. Mais, il faut chez le débiteur, la connaissance de la qualité de son obligation, il faut qu'il ait payé volontairement, c'est-à-dire, avec connaissance de cause, sachant bien que la dette était purement naturelle et ne pouvait pas être exigée. S'il en était autrement, si le débiteur n'avait payé que par erreur et se croyant lié civilement, son payement, qui ne proviendrait que de la crainte des poursuites et des voies de contrainte légale, ne prouverait plus sa conviction intime ; il n'équivaudrait plus à un aveu, et la répétition devrait être admise. Il ne faut pas considérer comme obligation naturelle celle dont l'invalidité tient à une défense de la loi, qui la réprouve, et la condamne comme contraire à la morale et à l'ordre public. Les obligations de cette nature sont nulles et de nul effet; la loi qui prohibe ces conventions n'en peut protéger l'exécution.

Quand la répétition se fonde sur ce que le payement a été fait par erreur, suffit-il d'une erreur de droit, ou l'erreur de fait est-elle seule à considérer? le Code ne distingue pas ici entre l'erreur de fait et l'erreur de droit, comme il le fait, art. 2052, à l'égard de la transaction que l'erreur de fait et non l'erreur de droit rend nulle, et à l'égard de l'aveu judiciaire dans l'art. 1356. Les commentateurs du Droit Romain furent longtemps en désaccord sur cette question : les uns pensaient que l'erreur de droit ne s'opposait pas à la répétition de ce qu'on avait payé sans le devoir ; telle était l'opinion de l'ancienne école. Cujas, chef de la nouvelle, embrassa une opinion contraire que suivirent grand nombre de ses disciples. Cependant, ils ne soutinrent pas leur doctrine sans rencontrer une vive opposition. Des hommes célèbres tinrent pour la première opinion, entre autres le chancelier d'Aguesseau ; c'est leur doctrine qu'ont suivie les rédacteurs du Code. Ainsi donc, la répétition doit être admise sans distinction, soit que le payement ait eu lieu par erreur de fait, ou par erreur de droit.

Dans le cas où le payement fait à celui qui était vraiment créancier, mais par un autre que le débiteur, n'a eu lieu que par erreur, et dès lors sans aucune pensée de gestion de l'affaire de ce débiteur (seul cas où la répétition soit alors possible), la répétition n'a plus lieu. D'après le 2me alinéa de l'art. 1377, si le créancier a par suite du payement, supprimé de *bonne foi* son titre, celui qui a payé n'a de recours que contre le débiteur dont il éteint la dette. Nous disons : si le créancier a supprimé son titre de *bonne foi*, c'est-à-dire, s'il ignorait que celui qui l'a payé ne fût pas son débiteur. Car quoique l'art. 1377 n'en parle pas, cette circonstance est évidemment nécessaire, et elle est dans la pensée de la loi. « Si le créancier, étant dans la bonne foi, dit le « rapport au Tribunat, avait par suite « du payement, supprimé le titre de sa créance, alors il ne pourrait, « sans injustice, être rendu victime. » Cette distinction, entre la bonne où la mauvaise foi de celui qui a reçu l'objet indû, sert de base aux dispositions des trois articles suivants, qui déterminent l'étendue de l'obligation de restituer.

L'objet de la répétition est la chose même indûment reçue par erreur ou sciemment (1376), ou son équivalant, c'est-à-dire une somme égale à sa valeur ; et d'abord c'est la chose même, *in individuo*, qui est l'objet principal de l'action en répétition, lorsqu'elle consiste en un corps certain et déterminé qui ne se consomme pas par l'usage. Si c'est une chose fongible, c'est sa valeur seulement ou une quantité égale qui est l'objet principal de la répétition. Les accessoires de la chose, tels que l'augmentation survenue à un immeuble par l'alluvion, les fruits perçus, entrent dans l'action en répétition. La répétition, tant du principal que des accessoires, a des effets différents suivant que celui à qui on a payé était de bonne ou de mauvaise foi.

1° Payement reçu de bonne foi. — La restitution n'a lieu contre celui qui a reçu une chose de bonne foi que jusqu'à concurrence de ce dont il a profité : *quatenus locupletior factus est*. Si la chose existe en sa possession, il doit la rendre avec tous ses accessoires. En Droit Romain, d'après la loi 15 ff. *de condictione indebiti* 12, 6, il était tenu de rendre les fruits : il n'en est plus de même sous l'empire du Code ; car l'art. 1373 n'impose cette obligation qu'à celui qui a reçu de mauvaise foi : d'ailleurs l'art. 549 établit en principe général, que le simple possesseur de bonne foi fait les fruits siens pendant que sa bonne foi dure. Néanmoins, il ne faut pas oublier que le possesseur de bonne foi est tenu des intérêts et fruits à partir du jour de la demande en justice.

Si la chose qui a été donnée en payement n'est plus en la possession de celui qui l'a reçue, parce qu'elle aurait péri par accident et sans son fait, il est dégagé de l'obligation de la rendre ; car l'obligation est éteinte par la perte de la chose.

Mais qu'arriverait-il si la chose avait péri par la faute ou la négligence de celui qui l'avait reçue de bonne foi ? Il ne serait tenu à aucune restitution ; car il est considéré comme propriétaire, maître de sa chose. Ne nous est-il pas facile d'établir une parité entre le possesseur de bonne foi contre lequel on agit en restitution et l'acheteur évincé ? Évidemment la position est la même ; or, l'art. 1634, relatif à l'acheteur évincé, dit : « Lorsque, à l'époque de l'éviction, la chose vendue se trouve diminuée de valeur ou considérablement détériorée, soit par la

« négligence de l'acheteur, soit par des accidents de force majeure, le
« vendeur n'en est pas moins tenu de restituer la totalité du prix. » Il
est vrai que l'art. 1379 ordonne la restitution de la chose, quand elle
est périe ou détériorée *par la faute* du possesseur, sans faire de distinction : mais l'article n'est applicable qu'au possesseur de mauvaise foi.
Il suppose que la chose a été, à la vérité, reçue de bonne foi, mais
que, depuis, le possesseur a connu le vice de la possession, et que c'est
depuis ce temps qu'est arrivé l'événement qui a causé la perte ou la
détérioration.

Si celui qui a reçu de bonne foi a vendu la chose, il ne doit restituer
que le prix de la vente (1380). Par la conséquence des mêmes principes, il ne serait tenu à aucune restitution, s'il avait disposé gratui-
tement de la chose reçue sans en retirer aucun profit.

2° *Payement de mauvaise foi.*— Il y a mauvaise foi, quand celui qui
a reçu savait que la chose ne lui était pas due ; soit qu'il eût eu connaissance au moment du payement, soit qu'il l'eût acquise depuis. Les
obligations de celui qui a reçu de mauvaise foi sont plus étendues et
plus rigoureuses que celles de l'individu qui a reçu de bonne foi. Ainsi,
celui qui a reçu une somme ou une chose de mauvaise foi, doit restituer, outre le capital ou la chose, les intérêts ou les fruits, du jour du
payement (1378). Les intérêts courent contre lui, alors même qu'il a
laissé inactif le capital ; quant aux fruits, il est comptable, non-seulement de ceux qu'il a perçus, mais encore de ceux qu'il a négligé de
percevoir.

Celui qui a reçu de mauvaire foi est tenu non-seulement de sa faute,
mais encore des cas fortuits. En est-il tenu absolument ? répond-il
même des cas fortuits qui seraient également arrivés à la chose, si, au
lieu d'être possédée par lui, elle fût restée en la possession du demandeur ? Nous ne le pensons pas. S'ils répond des cas fortuits, c'est que sa
mauvaise foi le constitue de plein droit en demeure ; or, les débiteurs en
demeure ne répondent que des cas fortuits qui sont arrivés, parce qu'ils
sont restés possesseurs de la chose.

Si celui qui a reçu la chose de mauvaise foi est, par son fait ou par cas fortuit, hors d'état de la rendre : par exemple, s'il l'a vendue, il n'est pas dégagé de l'obligation de rendre en restituant le prix, comme celui qui aurait reçu de bonne foi. Alors, comme il ne peut plus restituer en nature, il est tenu de tous dommages-intérêts.

Le propriétaire qui recouvre la chose qu'il avait payée indûment doit rembourser au possesseur de bonne ou de mauvaise foi toutes les dépenses nécessaires : quant aux dépenses utiles, c'est-à-dire, celles qui, sans être indispensables à la conservation de la choses, tendraient seulement à la mettre en meilleur état, on devra, dans le silence de notre article, appliquer la règle générale de l'art. 554.

Quant aux plantations ou constructions faites sur le fonds répété, il faut distinguer si le défenseur a reçu l'immeuble de bonne ou de mauvaise foi. Dans le premier cas, le propriétaire ne pourrait demander la suppression des ouvrages et plantations ; il aurait le choix de rembourser ou la valeur des matériaux et le prix de la main-d'œuvre, ou une somme égale à celle dont le fonds a augmenté de valeur. Dans le second cas, le propriétaire pourrait ou retenir les plantations, ouvrages et constructions, ou obliger le défendeur à les enlever à ses frais.

Pour les dépenses voluptuaires, le propriétaire ne doit aucune indemnité, si elles proviennent d'un possesseur de mauvaise foi ; mais le possesseur pourra enlever ce qui est susceptible d'enlèvement, à la charge pour lui de rétablir les lieux dans le premier état. Au contraire, proviennent-elles d'un possesseur de bonne foi, le propriétaire doit les rembourser, toutefois dans une limite que les tribunaux apprécieront, sans quoi le possesseur serait victime de l'erreur dans laquelle il a été induit par la faute du propriétaire.

INSTRUCTION CRIMINELLE.

Livre II, tit. 7, chap. v, art. 635-643, de la prescription.

Les règles de la prescription, en matière criminelle, ont souvent varié, soit quant au point de départ, soit quant à sa durée, soit quant aux faits ou aux crimes auxquels elle s'appliqne. La loi actuelle, à la différence de la jurisprudence antérieure, a proclamé, absolument et sans réserve, le principe de la prescription des peines et de la prescription des actions pénales, à l'égard de tous les crimes et de tous les délits. Il y a donc deux idées fondamentales qui dominent la matière et qu'il faut soigneusement distinguer : 1° prescription contre la peine, à l'effet de se libérer des condamnations qui ont été prononcées ; 2° ce qui est bien distinct, ce qui est soumis à des règles tout à fait séparées, prescription contre les actions, à l'effet d'éviter les poursuites, les jugements, les arrêts à intervenir. Ainsi, on peut prescrire : 1° contre l'action à laquelle on s'est opposé en commettant un crime ou un délit ; 2° après même qu'en conséquence d'un crime ou d'un délit on a été condamné, on peut prescrire contre l'exécution. D'après l'art. 535 du Code d'instruction criminelle, « les peines, portées par les arrêts ou « jugements rendus en matière criminelle, se prescrivent par vingt ans « révolus, à compter des arrêts ou jugements. » Ainsi, vingt ans après la condamnation prononcée, la loi veut que le condamné ait prescrit contre l'application de la peine. Les vingt ans courent à compter de la date de l'arrêt ou du jugement, toutes les fois que l'arrêt ou le jugemen t aura été prononcé par contumace. Si, au contraire, l'arrêt de condamnation a été contradictoire, ce sera seulement du moment où le condamné se sera dérobé à la peine que commenceront à courir, utilement pour lui, les vingt ans à l'expiration desquels aucune peine ne pourra plus le frapper. La loi, en admettant cette prescription, a pensé que ving ans d'exil, au milieu d'angoisses et d'inquiétudes, ont suffi à la vindicte publique ; et, surtout, elle a pensé avec raison que vingt ans écoulés dans la vie d'un homme ont enlevé en lui ce qu'il pouvait y avoir de dangereux pour la société.

Il n'est pas hors de propos de remarquer que ces arrêts ont pu porter des condamnations bien distinctes : 1° condamnation pénale; 2° con-damnation civile, pécuniaire, résultant de l'action de la partie lésée. Les vingt ans écoulés auront-ils également effet pour l'un et l'autre chef de condamnation portés dans l'arrêt? Non, ils n'auront d'effet que pour la condamnation pénale; quant à la condamnation civile, elle sera régie par les principes de la loi civile.

En matière correctionnelle, les peines portées par les arrêts ou jugements rendus se prescrivent par cinq ans révolus, à compter de la date de l'arrêt ou du jugement rendu en dernier ressort, et, à l'égard des tribunaux de première instance, à partir du jour où ils ne pourront plus être attaqués par la voie de l'appel.

L'action publique et l'action civile, résultant d'un crime de nature à entraîner la peine de mort ou des peines afflictives perpétuelles, ou de tout autre crime emportant peine afflictive et infamante, se prescrivent après dix années révolues. Le point de départ de la prescription contre l'action, c'est, en général, le jour où le crime a été commis. Cependant, il faut distinguer, à cet égard, entre les crimes instantanés et, au contraire, les crimes successifs, consistant dans une série d'actes qui reculera souvent, pendant un assez long temps, le point de départ de la prescription : par exemple, en cas de séquestration, de rapt; mais, dans ces crimes, quel sera le point de départ de la prescription? Le délai commencera à courir seulement à partir du moment où la per-sonne détenue, enlevée, aura recouvré sa liberté; ce sera le dernier moment qui sera le point de départ de la prescription.

La prescription contre l'action publique et l'action civile, résultant d'une contravention, s'accomplit au bout d'une année, si, dans cet intervalle, il n'est pas intervenu de condamnation.

La représentation volontaire ou forcée du contumace, dans les vingt ans qui lui sont accordés pour se représenter, fait évanouir la condam-nation, sauf, pour le passé, la mort civile, si elle était la conséquence

de la peine ; car elle a été encourue après cinq ans depuis la condam-
-nation. Si le contumace ne reparaît qu'après les vingt ans, il a prescrit
contre la peine ; il ne peut plus paraître devant la Cour d'assises, même
pour prouver son innocence, à l'effet de rentrer dans la vie civile ; la
mort civile continuera à être attachée à sa personne, alors même que la
condamnation n'était pas de nature à entraîner la mort civile : la
prescription de la peine n'enlève pas toute importance à la condamna-
-tion, bien qu'elle ne puisse plus s'exécuter ; elle peut donner lieu aux
effets de la récidive.

DROIT ADMINISTRATIF.

Loi du 10 vendémiaire an IV, sur la police intérieure des communes, tit. I, IV et V.

Quelque rigoureux que paraisse le principe émis par la loi de vendémiaire, nous sommes obligé de lui accorder le mérite d'avoir, par
la menace d'une sérieuse responsabilité, forcé les citoyens à faire leurs
affaires eux-mêmes, à intervenir, dans l'intérêt de la paix publique, et à
faire respecter les droits et la propriété de tous. Du reste, ce principe
n'est pas nouveau ; la Convention nationale l'avait emprunté à une or-
donnance de Louis XIV, rendue en 1697, qui rendait les seigneurs
féodaux responsables des désordres qui avaient eu lieu dans leurs
fiefs.

En l'an IV, époque de troubles civils et d'agitations politiques, la
Convention voulut : « que tous citoyens habitant la même commune
« fussent garants civilement des attentats commis sur le territoire de la
« commune, soit envers les personnes, soit contre les propriétés. »

L'article unique du titre premier, que nous venons de citer, ne contient qu'un principe purement théorique. Les règles d'application sont
précisées dans les titres 4 et 5.

Aux termes de l'art. 1er du titre 4, les communes sont responsables

des délits contre les personnes ou les propriétés, lorsqu'ils ont été
commis sur leur territoire, à force ouverte ou par violence, par des
attroupements ou rassemblements armés ou non armés. La responsabilité des communes existe encore : 1° lorsque les cultivateurs tiennent
les voitures démontées et n'exécutent pas les réquisitions qui leur sont
légalement faites pour transports et charrois (art. 9); 2° lorsque les
cultivateurs à part de fruits refusent de livrer, aux termes du bail, la
portion due aux propriétaires (art. 10); 3° lorsqu'un adjudicataire de
domaines nationaux a été contraint, à force ouverte, par suite de rassemblements et attroupements, de payer le prix de son adjudication à
d'autres qu'au receveur des domaines et revenus nationaux (art. 12);
4° lorsqu'un fermier ou locataire a également été contraint de payer tout
ou partie du prix du bail à d'autres qu'au propriétaire (art. 12).

La responsabilité cesse, dans les cas ci-dessus, lorsque la commune
justifie avoir pris toutes les mesures qui étaient de son pouvoir pour
prévenir l'événement, ou enfin lorsqu'elle désigne les auteurs, provoca-
teurs et complices du délit, tous étrangers à la commune (art. 8).

Quelque étendue que soit la responsabilité des communes, elle cesse,
lorsque les délits ont été commis par des rassemblements formés d'in-
dividus étrangers à la commune, et que celle-ci a pris toutes les mesures qui étaient en son pouvoir à l'effet de les prévenir et d'en faire
connaître les auteurs (art. 5).

La question de savoir à qui profitent les dispositions de la loi du
10 vendémiaire an IV, et en faveur de qui la responsabilité a lieu, est
tranchée par l'art. 6, ainsi conçu : « Lorsque par suite de rassemble-
« ments et attroupements, un individu, domicilié ou non sur une com-
« mune, y a été pillé, maltraité ou homicidé, tous les habitants sont
« tenus de lui payer, ou en cas de mort, à sa veuve et enfants, des
« dommages-intérêts. »

Dans le système de la loi du 10 vendémiaire, la partie lésée a droit
d'abord à la *réparation* du préjudice, et en outre à des *dommages-inté-*
rêts (tit. 4, art. 3; tit. 5, art. 1er, 3, 5 et 6).

La réparation, consiste dans la distribution en nature des objets pillés, volés ou extorqués, sinon, dans le payement du double de leur valeur; et les dommages-intérêts ne peuvent jamais être moindres que la valeur entière de ces mêmes objets (tit. 5, art. 1er et 6).

Indépendamment de la responsabilité civile dont la commune est tenue envers la partie lesée, elle encourt encore une peine : l'art. 2 veut qu'elle soit frappée d'une amende égale au montant de la réparation principale; cette amende est prononcée au profit de l'État.

La loi du 10 vendémiaire an IV, ouvre deux actions : l'une, au ministère public, tant dans l'intérêt public, que dans celui de la partie lésée; l'autre, à cette partie elle-même. Dans l'un et l'autre cas, l'action est portée devant le tribunal civil de l'arrondissement (tit. 5, art. 4).

Indépendamment de cette double action, la loi en ouvre une au préfet, mais pour un cas spécial. En effet, d'après l'art. 16 de l'arrêté du quatrième jour complémentaire an XI, lorsqu'une commune a encouru la responsabilité prévue par les art. 13 et 14 de l'arrêté, en laissant dévaster par des attroupements les propriétés nationales, la poursuite de la réparation et des dommages-intérêts doit être faite à la diligence du préfet.

Aux termes de l'art. 2, les délits doivent être constatés dans les vingt-quatre heures par les officiers municipaux, qui adressent les procès-verbaux, dans les trois jours au plus tard, au procureur impérial.

Le procureur impérial poursuit d'office la réparation devant le tribunal qui doit, sur le vu des procès-verbaux, prononcer dans les dix jours qui suivent l'envoi des pièces au parquet (art. 3, 4 et 5).

Le jugement du tribunal civil portant fixation des dommages-intérêts est adressé dans les vingt-quatre heures, par le ministère public, au préfet, qui est tenu de l'envoyer dans trois jours à la commune condamnée (art. 7).

La commune est tenue de verser dans les dix jours le montant des dommages-intérêts à la caisse du département. A cet effet, elle fait contribuer les vingt plus forts contribuables résidant dans la commune (art. 8),

Mais ce payement n'est qu'une avance dont le remboursement s'effectue à l'aide d'une perception sur tous les habitants de la commune, conformément au rôle de répartition arrêté par le conseil municipal (art. 9).

En cas de réclamation contre la répartition, le conseil de préfecture statue sur la demande en réduction (art. 10).

Mais s'il s'agissait de réclamations, de la part d'un contribuable, fondées soit sur ce qu'il n'est pas domicilié dans la commune, soit sur ce que la part contributive qui lui est imposée excède ses facultés (art. 9), ce ne serait pas aux tribunaux, mais à l'administration qu'il devrait s'adresser (art. 10).

A défaut, par la commune, d'opérer le versement prescrit par l'art. 8, elle y est contrainte par l'envoi de la force armée et d'un commissaire. Les frais de celui-ci et ceux de séjour de la force armée sont ajoutés au montant des condamnations prononcées contre elle. (art. 11 et 12).

Dans les dix jours du versement fait dans la caisse départementale, l'administration doit faire remettre aux parties intéressées le montant des dommages-intérêts fixés par le jugement (art. 13).

QUESTIONS.

I. — Lorsque le propriétaire connaît la gestion, ne peut-on pas dire qu'il y a mandat tacite? — Non.

II. — Le gérant a-t-il droit aux intérêts de ses avances du jour où elles ont eu lieu? — Oui.

III. — Le maître sera-t-il obligé envers celui qui aura géré malgré lui? — Distinction.

IV. — Est-il nécessaire, pour qu'il y ait gestion d'affaires, que la gestion ait été entreprise en considération de la personne que l'affaire intéresse? — Distinction.

V. — La femme mariée peut-elle, par suite d'un quasi-contrat, être obligée envers quelqu'un, et obliger quelqu'un envers elle? — Oui.

VI. — Celui qui a payé sciemment une chose qu'il ne devait pas peut-il la répéter? — Non.

VII. — Pour qu'il y ait lieu à la répétition de l'indû, doit-on distinguer si l'erreur de celui qui a payé est une erreur de fait ou une erreur de droit? — Non.

VIII. — Une chose payée par erreur, avant l'échéance du terme, peut-elle être répétée? — Non.

IX. — Lorsqu'une chose était due sous condition, et qu'elle a été payée avant que la condition soit réalisée, celui qui a payé a-t-il le droit de la répéter? — Oui.

X. — La perte de la chose indûment reçue doit-elle être supportée par le possesseur de bonne foi, quand cette perte aura lieu par son fait ou par sa négligence? — Non.

XI. — Celui qui a reçu la chose de mauvaise foi répond-il de tous es cas fortuits? — Non.

XII. — L'immeuble indûment reçu, puis aliéné par celui qui l'a reçu, peut-il être revendiqué par le tiers acquéreur? — Non.

Vu par le Doyen, Président de la thèse,
C.-A. PELLAT.

Permis d'imprimer :
Le Vice-Recteur,
CAIX.